I0114800

LA RESPUESTA ANTE LA ANSIEDAD SOCIAL

EL LIBRO DE TRABAJO COMPROBADO PARA EL INTROVERTIDO PARA REMEDIAR LA ANSIEDAD SOCIAL Y SOBRELLEVAR LA TIMIDEZ: PARA NIÑOS, ADOLESCENTES Y ADULTOS

ED JONES

ÍNDICE

1. CAPÍTULO UNO: TRASTORNO DE ANSIEDAD SOCIAL   1
   Introducción   5
2. Tres Componentes Principales de la Ansiedad Social   8
3. ¿Sufre usted de un trastorno de ansiedad general o un trastorno de ansiedad social   11
4. CAPÍTULO DOS: ENTENDIENDO EL PROBLEMA   16
5. ¿Qué causa el trastorno de ansiedad social?   21
6. ¿Cómo puede afectar su vida un trastorno de ansiedad social?   27
7. CAPÍTULO TRES: TERMINANDO EL PROBLEMA DE ANSIEDAD   38
8. Manejo del trastorno de ansiedad social   40
9. Medicamentos para el trastorno de ansiedad social   63
10. CAPÍTULO CUATRO: RECUPERACION TOTAL   68
11. ¿Cómo sabré cuando me haya recuperado por completo?   69
12. CAPITULO CINCO: RESOLUCIONES   74

Copyright 2019 - Todos los derechos reservados.

El contenido de este libro no puede reproducirse, duplicarse o transmitirse sin el permiso directo por escrito del autor o el editor.

Bajo ninguna circunstancia se atribuirá culpabilidad ni se responsabilizará legalmente al editor ni al autor de ningún daño, reparación o pérdida monetaria debido a la información contenida en este libro. Ya sea directa o indirectamente

Aviso Legal:

Este libro está protegido por los derechos de autor. Este libro es únicamente para uso personal. No se podrá enmendar, distribuir, vender, usar, mencionar o parafrasear cualquier parte o contenido de este libro, sin el consentimiento del autor o editorial.

Aviso de exención de responsabilidad:

Favor de notar que la información contenida en este documento es solo para fines educativos y de entretenimiento. Todo el esfuerzo fue hecho para presentar información precisa, actualizada y completa. Ningún tipo de garantía viene declarada o implícita. Los lectores reconocen que el autor no está comprometido en presentar consejos legales, de tipo financieros, médicos, ni profesionales. El contenido de este libro ha sido obtenido de diversas fuentes. Favor de consultar a un profesional antes de intentar realizar cualquiera de las técnicas descritas en este libro.

Al leer este documento, el lector acepta que bajo ninguna circunstancia el autor es responsable de las pérdidas, directas o indirectas, que ocurran como resultado del uso de la información contenida en este documento, incluidos, entre otros, - errores, omisiones o inexactitudes.

CAPÍTULO UNO: TRASTORNO DE ANSIEDAD SOCIAL

onocí a mi amigo Alex en la escuela de medicina. Tan duro como trabajabamos, todos los sábados por la tarde teníamos tiempo para relajarnos en el parque con algunos amigos y algunas chicas. Bien, me relajé, y las chicas eran todas mis amigas. Alex encontró todo el asunto irritante y solo lo hacía porque fui implacable al insistir en que viniera conmigo. Sentía que nunca podría merecer una novia, mucho menos acercarse a alguien para una posible cita.

Una tarde, durante una de nuestras salidas regulares en el parque, vimos a una mujer embarazada en el piso, retorciéndose de dolor. Corrimos y, estúpidamente, preguntamos si todo estaba bien.

Obviamente, pudimos ver que no lo estaba. Estaba jadeando y pidiendo ayuda con una voz débil. Se hizo evidente, bastante rápido, que estaba teniendo dolores de parto y estábamos a millas de distancia del hospital más cercano. Solo éramos Alex y yo en ese momento_ ninguno de nuestros otros amigos había llegado todavía.

Todo comenzó a ocurrir en cámara lenta cuando sentí el estrés y la ansiedad de la situación arrastrándose sobre mí, pero traté de concentrarme y me revolví el cerebro para encontrar una solución. Me acordé que había una farmacia a solo dos cuadras de distancia, así que le dije a Alex que la vigilara mientras corría a buscar ayuda.

Después de un chequeo intenso de la situación, los médicos del dispensario llamaron a una ambulancia privada y volvimos al parque en unos pocos minutos.

Para ese entonces, una gran multitud rodeaba la escena y no podíamos ver ocurría. Para sorpresa nuestra, cuando nos acercamos, vimos que Alex sostenía a un hermoso bebé, envuelto en su chaqueta para abrigarse. ¡Fue increíble! ¡Alex acababa de usar lo que había aprendido en sus dos años de escuela de medicina para ayudar a una mujer a dar a luz en un parque! Mientras algunas personas tomaban videos, otras levantaban a Alex sobre sus hombros y lo felicitaban por su valiente acción; sin embargo, tan pronto como vio una apertura, se escapó de la multitud y del centro de atención. Sabía que a él no le gustaba recibir ese tipo de atención normalmente, pero incluso mientras lo elogiaban como un héroe, estaba claro que todavía se sentía ansioso e inadecuado.

INTRODUCCIÓN

¿Te sientes nervioso e incómodo en casi todas las situaciones sociales? ¿Tienes miedo de ser juzgado por otros? Bueno, la buena noticia es que no estás solo. Muchas personas experimentan el mismo sentimiento cuando se trata de ocasiones sociales. El sentimiento es vergonzoso y superarlo es importante.

Incluso la persona más valiente puede sentirse socialmente incómoda. Quizás sea por la forma en que nos criaron. A menudo, los padres no pueden ayudarnos a superar nuestra timidez interior. Además, los padres pueden no reaccionar mucho cuando mostramos signos de este problema psicológico desenfrenado, ya que podrían no entender las causas fundamentales. Podrían pensar que superaremos la "fase" a medida que crecemos; sin embargo, el problema puede empeorar con el paso del tiempo.

La Ansiedad Social puede conducir a una falta de confianza y a la creencia de que eres inepto en los grupos sociales, ya sea que se trate de familiares, amigos o colegas. En la última década, este problema ha sido diagnosticado como una posible causa de varios problemas como la depresión y los pensamientos suicidas. Esto probablemente está relacionado con el hecho de que las personas que sufren este problema a menudo se desvinculan de los entornos sociales. Reunirse con alguien, incluso con un amigo cercano, puede resultar incómodo para las personas que sufren de ansiedad social. Posiblemente peor aún, incluso ofrecer una presentación simple, una que pueda asegurar un ascenso en el trabajo, puede volverse increíblemente difícil, casi imposible.

Según los psicólogos (y las experiencias personales de muchas personas), la ansiedad social se puede superar por completo. No es tan malo como parece, lo prometo.

Este libro ha sido escrito para ayudarte a comprender en su totalidad qué es el trastorno de ansiedad social, cómo lidiar con él y, en última instancia, cómo superarlo. En este libro se describen varias formas de ansiedad social para ayudarte a comprender con qué te has enfrentado exactamente, para que puedas tomar las acciones más eficaces y superar tu ansiedad lo más rápido posible.

PUEDES hacerlo. No siempre será un viaje en avión, pero si estás dispuesto a trabajar en esto, puedes recuperar tu vida de la ansiedad. Ahora empecemos ...

TRES COMPONENTES PRINCIPALES
DE LA ANSIEDAD SOCIAL

A menudo, la ansiedad social se experimenta como un sentimiento abrumador de miedo que no es fácil de describir o controlar. La mejor manera de entender la ansiedad podría ser dividiéndose en una serie de componentes:

- La parte física: lo que puedes **SENTIR**
- La parte cognitiva: lo que **PIENSAS**
- La parte del comportamiento: lo que **HACES**

La parte Física

Cuando alguien se vuelve ansioso en un entorno social, se pueden experimentar varios síntomas físicos. Síntomas como: transpiración, sonrojo, tartamudez o, a veces, incluso temblores son comunes.

Algunos de los síntomas menos comunes, pero aún prominentes, incluyen náusea y vómito, fuertes latidos del corazón o falta de aliento. Todo esto puede tener un impacto muy negativo en la salud y el bienestar de una persona. Cuando varios de estos síntomas se presentan en cualquier momento, el efecto compuesto del estrés puede llevar a ataques de pánico.

La parte Cognitiva.

Este componente del miedo se refiere a los tipos de pensamientos, creencias, presunciones, interpretaciones y predicciones que puede desarrollar una persona que sufre de ansiedad social. Tener una mentalidad positiva es vital para combatir la ansiedad social, y cubriremos varias formas de inculcar esto en el libro. Centrarse en lo positivo, en lugar de lo negativo, puede ser una buena solución psicológica contra el trastorno de ansiedad social. Como resultado, la mente evitará enfocarse en pensamientos de peligro, amenazas o vergüenzas y probablemente aliviará muchos de los problemas relacionados con la ansiedad social.

La parte conductual

Evitar situaciones es comúnmente el principal

elemento conductual de la ansiedad social. La gente tiene miedo de hacer cosas, como hablar en público y, como resultado, pueden tratar de escapar o evitar una situación social. Para asegurarse de que encajan en diversos entornos sociales, las personas que padecen un trastorno de ansiedad pueden desarrollar técnicas para hacer frente a su ansiedad, como usar gafas de sol para evitar el contacto visual o, en algunos casos, tomar un par de bebidas alcohólicas para disminuir sus inhibiciones. Algunos pueden mantener viva una conversación haciendo una serie de preguntas sin parar sobre la otra persona, para evitar hablar de sí mismos.

¿SUFRE USTED DE UN TRASTORNO DE ANSIEDAD GENERAL O UN TRASTORNO DE ANSIEDAD SOCIAL

*E*l **trastorno de ansiedad generalizado** se caracteriza por una preocupación persistente y excesiva por una serie de cosas que podrían afectar la vida de uno. Las personas que sufren este tipo de trastorno de ansiedad pueden preocuparse excesivamente por su salud, familia, carrera y finanzas, entre otras cosas. A su vez, generalmente se encuentran esperando los peores resultados de eventos futuros, incluso cuando no hay una razón que justifique tal preocupación.

Las personas con trastorno de ansiedad generalizado tienden a sentir un estrés diario intenso que otros generalmente no entenderían. Problemas como; su relación con sus jefes en el trabajo o parientes en el hogar que se sienten tensos o frenéticos. Curiosamente, el enfoque tiende a centrarse más en sus relaciones continuas, más que en el miedo a ser juzgado. Por ejemplo, un hombre con trastorno de ansiedad generalizado puede preocuparse *descontroladamente* por las implicaciones de una pelea con su esposa. Ni siquiera pensará en el golpe a su ego cuando se disculpe primero, ya que su mente estará pensando en todas las cosas terribles que podrían suceder si no lo hace.

El **trastorno de ansiedad social** difiere del trastorno de ansiedad generalizado, ya que típicamente hace que la persona que lo padece se enfoque mucho más en autoevaluaciones negativas y posibles rechazos. Además, la ansiedad social puede influenciar a una persona a evitar hacer algo por temor a avergonzarse.

¿Es la timidez lo mismo que ansiedad social?

La Timidez y la Ansiedad Social están relacionadas, pero no son exactamente lo mismo. Las definiciones reales son ligeramente diferentes y los sentimientos asociados con cada uno son distintos.

La timidez es una tendencia a ser retraído e incómodo en situaciones que involucran contacto interpersonal. Este sentimiento, que puede afectar a personas de cualquier edad, puede hacer que una persona se vuelva más introvertida. A las personas tímidas les puede resultar incómodo mantener el contacto visual, e incluso tener una conversación rápida con alguien puede poner a una persona nerviosa.

Por otro lado, la ansiedad social se basa en el temor a ser juzgado por otros o de ser avergonzado. Una persona puede sentir que lo que más importa es ser juzgado por otras personas. No es extraño que las personas tímidas desarrollen Ansiedad Social cuando se ven obligadas a socializar, sin embargo, incluso las personas que tradicionalmente no son "tímidas" también pueden sufrir ansiedad social.

Puedes sufrir ansiedad social si te encuentras evitando situaciones sociales por temor a ser examinado, juzgado y humillado. Una persona tímida que no sufre de ansiedad social simplemente evita interactuar con las personas.

Para ilustrar mejor las diferencias, aquí hay un ejemplo:

Se supone que debes estar en una reunión con tus colegas, discutiendo el progreso de un proyecto. De repente, empiezas a sentir que te criticarán en la reunión. Prevés que podrías estallar con el líder del equipo y entrar en una pelea de gritos porque no se agradan. Esta situación se debe a la ansiedad social.

Ahora a la inversa, supongamos que estás en buenos términos con todos los miembros de tu equipo, pero inesperadamente llegas tarde a la reunión. Intentas sigilosamente tomar asiento en la parte posterior de la sala para mantenerte fuera del foco de atención. Mantienes la cabeza baja y haces todo lo posible para evitar el contacto visual, pero la sala se vuelve silenciosa y el líder del equipo te pide que te disculpes con el equipo por hacerlos esperar. Empiezas a hablar en voz baja mientras haces tu mejor esfuerzo para mirar a cualquier lado que no sea el rostro del líder del equipo. Te sientes increíblemente incómodo y deseas estar en otro lugar. ¡Esto es timidez!

Justo un día después del incidente, Alex estaba en las noticias. Lo habían llamado "el enfermero del parque". Bueno, debo admitir que me siento un poco olvidado. ¿Nadie recordaba que yo también estaba allí? ¿No era yo el chico que corrió por el parque para buscar una ambulancia? Nadie parecía interesado en eso. Sin embargo, me recordé a mí mismo que Alex estaba luchando con una baja autoestima que le impedía hacer casi cualquier cosa sin mí. A donde quiera que iba, él también quería ir. Esto me hizo sentir menos envidioso y más comprensivo hacia las luchas de Alex.

A lo largo del segmento de entrevistas, hice la mayor parte de la conversación. Su voz era temblorosa y notaba que estaba sudando nerviosamente. Se notaba que Alex estaba increíblemente incómodo e intentó desviar todas las preguntas que se le plantearon, diciéndome: "Quizás mi amigo pueda recordar más que yo".

Al día siguiente, una psicóloga que vio la noticia llamó a nuestra oficina y se presentó como la Dra. Agnes. Nos felicitó por nuestras acciones heroicas y mencionó que había notado el nerviosismo que Alex había mostrado durante la entrevista. Ella sugirió que podría estar sufriendo de algo llamado "Trastorno de ansiedad social", un término que nunca había escuchado antes. Después de una breve discusión, ella expresó su interés en ayudar a Alex a superar el trastorno. Ella se ofreció a ayudarlo a rastrear las raíces fundamentales del trastorno, señalando los patrones de comportamiento, debatir las complicaciones del trastorno y la consejería para ayudar a superarlo, ¡y se ofreció a hacerlo gratis después de la buena acción que había hecho!

CAPÍTULO DOS: ENTENDIENDO EL PROBLEMA

*C*recí en una casa con mi familia extendida. Todos mis primos eran mayores y, por supuesto, más avanzados en la escuela que yo. A menudo, se reían de mí si les preguntaba, lo que consideraban, preguntas tontas. Recuerdo haberle preguntado a mi padre si Jesús vivía con los Care Bears en el cielo. ¡Durante unos días después de eso, mis primos no podían dejar de reírse de mí!

Ellos no apreciaron el hecho de que las reacciones ante la curiosidad de un niño al crecer contribuyen a su crecimiento mental en la edad adulta. Lamentablemente, mis primos me infundieron temor de hacer preguntas tontas y de equivocarme sobre las cosas. Debido a esto, mientras crecía, rara vez hacía preguntas y comencé a sentir *timidez frente a las personas. Todo esto comenzó a partir del ridículo que recibí de mis primos en mi vida temprana.*

En la escuela, yo era el niño silencioso. A veces, me percibían como el niño tonto y no participaba realmente en clase. La maestra me preguntaba repetidamente si estaba prestando atención porque evitaba el contacto visual por temor a que me hicieran preguntas y tener que hablar frente a la clase.

Síntomas del trastorno de ansiedad

La señal más común del trastorno de ansiedad social es la timidez o la incomodidad en ciertas situaciones. Los niveles de comodidad varían según los rasgos de personalidad, las experiencias de la vida y el entorno de la situación misma. Algunas personas tienden a ser naturalmente reservadas, mientras que otras son más extrovertidas. El trastorno de ansiedad social comienza a manifestarse principalmente en niños más pequeños y adolescentes, pero a veces puede comenzar en los adultos.

Algunas de las principales señales de que una persona podría estar sufriendo de dicho desorden son:

Síntomas emocionales y de comportamiento

- Miedo a situaciones en las que eres propenso a ser juzgado por personas.
- Excesiva preocupación por avergonzarse o humillarse a sí mismo
- Fobia intensa de encontrarse, interactuar o hablar con conocidos o extraños.
- Temor de que las personas noten que te ves ansioso
- Miedo a los síntomas físicos que pueden ser vergonzosos, como: transpiración, sonrojo, temblor o voz temblorosa.
- Evitar hablar con personas por temor a ser mal citado o mal entendido
- Evitar situaciones en las que serás el centro de atención.
- Sentirse nervioso por una actividad o evento en el futuro cercano.
- Tolerar una situación social con profundo miedo o ansiedad.
- Tomarse el tiempo después de un evento social para identificar errores en sus conversaciones y analizar su desempeño social general
- Anticipar las peores consecuencias posibles de una experiencia negativa.
- Experimentar un miedo y ansiedad intenso

mientras hablas en público o si realizas una actuación en público (miedo escénico)

- En el caso de los niños, la ansiedad se puede manifestar con llanto, haciendo berrinches, aferrándose a los padres en presencia de un extraño o negándose a hablar en eventos sociales.

Síntomas físicos

Los síntomas físicos que a veces acompañan al trastorno de ansiedad social incluyen:

Sonrojarse

- La incapacidad de mantener contacto visual al conversar
- Corazón palpitante
- Temblores en todo el cuerpo
- Transpiración en la cara o en las palmas.
- Desarrollar malestar estomacal o náuseas.
- Tener problemas para recuperar el aliento.
- Mareos o aturdimiento.
- Sentir que tu mente se ha quedado en blanco
- Tensión muscular, generalmente manifestada como rigidez en el cuello.

Evitar situaciones sociales comunes

Las personas que sufren de ansiedad social podrían tener dificultad con situaciones cotidianas que incluyen:

- Estar en presencia de personas desconocidas o extraños.
- Ir al trabajo o la escuela
- Hacer contacto visual mientras hablan
- Citas y coqueteos
- Asistir a fiestas o reuniones sociales (bodas, películas, una fiesta)
- Devolución de artículos a una tienda.
- Entrar a una habitación donde la gente ya está asentada.
- Comer y beber delante de otros.
- Usar un baño público

Los síntomas de ansiedad social pueden cambiar con el tiempo. Los temores pueden estallar si una persona enfrenta estrés o exigencias adicionales. Evitar situaciones que producen ansiedad puede ser útil a corto plazo; sin embargo, es probable que tu ansiedad continúe o incluso empeore a largo plazo si no se trata o aprende a manejarse de manera efectiva.

¿QUÉ CAUSA EL TRASTORNO DE ANSIEDAD SOCIAL?

*L*as causas subyacentes de la ansiedad social son complejas y tienden a variar de una persona a otra. Debido a esto, es difícil generalizar las causas de este trastorno en diferentes personas. Como anécdota, la mayoría de los enfermos parecen desarrollar esta condición por temor a ser juzgados o incluso humillados. Otros pueden estar excesivamente preocupados por el mañana y lo que podría traer. Para todos, la causa raíz puede ser diferente, pero el resultado es el mismo: es desagradable en el mejor de los casos y totalmente debilitante en el peor.

A pesar de la complejidad que caracteriza a la ansiedad social, los investigadores han intentado desmitificar las principales causas. Las siguientes son algunas de las causas más viables del trastorno:

El cerebro

Según los investigadores, partes específicas del cerebro pueden desempeñar un papel en el desarrollo de la ansiedad social. Según los resultados de investigaciones recientes, ciertas partes del cerebro son más activas que otras cuando una persona experimenta ansiedad social.

Lo que los investigadores llaman: "Tener una amígdala hiperactiva" (la parte del cerebro que controla la respuesta al miedo), puede ser la causa principal de la ansiedad social.

Cuando hay una sincronización silenciada entre partes de su cerebro, una persona puede volverse inestable y, por lo tanto, ansiosa y puede desarrollar patrones de pensamiento negativos y juicios internos.

Las irregularidades en la forma en que los mensajeros químicos que transmiten información de una célula cerebral a otra pueden desempeñar un papel en la causa de la ansiedad social.

El diagnóstico y el tratamiento de cualquier tipo de

ansiedad pueden ser difíciles, con tratamientos actuales y convencionales que no siempre son efectivos.

Genética

La ansiedad social puede ser un problema familiar. Si uno de los padres o abuelos sufrió el trastorno de ansiedad social, la próxima generación puede tener más probabilidades de tener el mismo destino. Una persona cuyos padres padecen de ansiedad social puede ser hasta diez veces más propensa a sufrir el trastorno. Este es un indicio bastante sólido de que la ansiedad social puede ser heredada de una generación a la siguiente.

Algunas personas descartan la noción de trastornos mentales hereditarios y, si bien es cierto que un individuo puede ser diferente del resto de su familia, no se puede ignorar la posible predisposición genética a la ansiedad y otros trastornos.

Experiencias negativas de la vida.

Cuando alguien vive un evento difícil o incluso deshumanizante, puede aumentar la probabilidad de desarrollar ansiedad u otra enfermedad mental. Estudios han demostrado que las personas que pasan por circunstancias difíciles durante la infancia se encuentran entre las mayores víctimas del trastorno. Las mujeres que han sido violadas de jóvenes, como consecuencia, podrían siempre temer interactuar con los hombres. Incidentes como este pueden llevar a efectos de mayor alcance, como mujeres que desarrollen una respuesta irracional de miedo o ansiedad al interactuar con miembros masculinos de su familia.

Interacción social temprana

Crecer en medio de personas tímidas puede contribuir a que una persona adquiera los mismos rasgos. Esto se debe a que, a medida que crecemos, somos propensos a aprender a comportarnos observando a los demás e imitándolos. Si te tomas un momento para analizar tus modales, creencias y acciones diarias, puedes encontrar que estos reflejan a tus padres o amigos mientras creces.

Además, los amigos y familiares cercanos a veces pueden hacer comentarios sobre nuestros comportamientos que pueden influir en nosotros, en base a cómo nos perciben. Podemos sacar conclusiones negativas sobre sus preocupaciones y comenzar a pensar en cómo corregir nuestros supuestos patrones de comportamiento "negativos". Como consecuencia, podemos desarrollar miedos y ansiedades por causa de ellos. Nos resulta cada vez más difícil enfrentar a estas personas, ya que solo nos enfocamos en el lado negativo de sus comentarios y, por lo tanto, aprendemos a evitar a esas personas y situaciones, y esto puede llevar a evitar reunirse o tener una conversación con cualquiera.

Creencias internas

Las personas que ven equivocadamente los eventos sociales como peligrosos o mortales tienen más probabilidades de sentirse incómodas. La ansiedad hace que una persona sienta que siempre debe impresionar a los demás. Pueden pensar que la otra persona tiene una percepción extraña de ellos.

Para eliminar este sentimiento, es importante soltar la mente de esa mentalidad y cambiarla, para bien.

Lamentablemente, las creencias negativas también pueden ocasionar que una persona tenga una impresión negativa de otros. Una vez que crees que alguien es malo, puede ser difícil comenzar a creer que es todo menos malo. Evitar que las creencias arruinen tu vida es algo simple, en teoría: simplemente deja de creer que algo es verdad, pero en la práctica, puede ser mucho más desafiante.

Comportamientos

Las conductas son procesos inconscientes que pueden ser muy difíciles de desarraigar y cambiar. Hacer de la timidez (sin intención) un hábito obviamente conducirá a la ansiedad social. Además, si te conviertes en una persona que odia las reuniones sociales, quien nunca comenzaría una conversación con un extraño, o conocer a alguien nuevo, obviamente, puede tener un impacto muy negativo en tu vida personal y profesional.

Es importante ser consciente y tratar de evitar tales comportamientos. No ayudan de ninguna manera y solo se suman a los muchos problemas que ya tenemos en la vida, ¡así que piensa positivamente!

¿CÓMO PUEDE AFECTAR SU VIDA UN TRASTORNO DE ANSIEDAD SOCIAL?

*L*a ansiedad social puede afectar seriamente la vida de una persona. Las interacciones sociales de rutina como encontrarse con amigos, extraños o incluso cosas simples como comer enfrente de la gente pueden causar estrés y ansiedad extrema.

Esta ansiedad puede incluso hacer que alguien se pierda de oportunidades importantes en su vida. Por ejemplo, imagina estar calificado y listo para comenzar el trabajo de tus sueños. Has enviado tu currículum y has sido convocado para una entrevista ... pero ahora estás paralizado por el miedo de conocer al entrevistador. Empiezas a repasar todas las cosas terribles que podrían pasar y te angustias aún más. Decides que la única forma de evitar todo ese dolor potencial es suspendiendo la entrevista.

Ahora te has perdido el trabajo de tus sueños y todas las oportunidades increíbles que pudo haberte brindado porque tu Ansiedad Social lo superó. Es una realidad triste, pero es algo con que la gente lucha todos los días.

La compostura y el valor son la única forma de superar estos problemas y debes actuar AHORA, antes de que arruine tu vida.

Sin el tratamiento apropiado, el trastorno de ansiedad social puede persistir durante toda la vida de una persona. Ciertos temores que comienzan como problemas triviales pueden terminar dominando las elecciones de vida de una persona. Esto puede interferir con la vida diaria, la escuela, la carrera profesional, las relaciones y su felicidad en general.

Primero lo primero: una palabra sobre los pensamientos suicidas o intentos de suicidio

Una de las partes más horrendas e inconcebiblemente tristes de la vida actual es que cada vez más personas eligen quitarse la vida. Los jóvenes especialmente parecen estar en riesgo con el 40-60% de todos los intentos de suicidio realizados por hombres.

La ansiedad es capaz de hacer que la vida se sienta totalmente insoportable, créeme, lo sé, he estado allí, y no es divertido. Pareciera que quitarse la vida es la única respuesta para acabar con el dolor y la desolación. Suena como una solución simple a un problema complejo. Es una forma de acabar con la miseria y el dolor que se siente a diario. Sin embargo, y esto es GRAN sin embargo, ¡la ansiedad social, la depresión o cualquier otro trastorno que te haga sentir agobiado ES ALGO QUE SE PUEDE TRATAR CON ÉXITO! Escribí todo en mayúsculas porque es muy importante. Si tienes pensamientos suicidas, por favor, POR FAVOR, llama a alguien que sepa lo que hace y que al menos pueda brindarte una orientación personalizada sobre cómo comenzar a enfrentar, y finalmente a superar los problemas con los que estás luchando.

Si te encuentra en los EE. UU., puedes llamar a la Línea Directa Nacional de Suicidio de EE. UU. Al: **1-800-SUICIDE: 1-800-784-2433** o al: **1-800-273-TALK: 1-800-273-8255**

Si te encuentras en el Reino Unido, puedes llamar a

los Samaritanos, las 24 horas del día, los 7 días de la semana al: 116 123

Si te encuentras en un país diferente, simplemente busca en Google "línea directa de suicidio" y se te dará un número local.

Por favor no permitas que el miedo o la vergüenza te detengan, estas personas están capacitadas, lo hacen día tras día y lo hacen porque quieren ayudar a las personas, ¡como tú!

Ahora que terminamos esto, veamos algunas de las otras formas en que la ansiedad social afecta la vida de las personas:

Baja autoestima

A las personas con baja autoestima se les hace excepcionalmente difícil lidiar con el fracaso. Tienen una alta propensión a exagerar internamente las experiencias negativas. Una persona puede tomar un comentario imprevisto de alguien como un ataque personal a su persona. Debido a esto, son aún más propensos a tener baja autoestima. Este círculo vicioso se repite hasta que temen cualquier tipo de interacción social.

Alcoholismo y abuso de sustancias

Para algunos pacientes con trastorno de ansiedad social, un historial de abuso del alcohol o sustancias puede ser un factor en la aparición del trastorno.

Tal vez conozcas a alguien, un amigo o un familiar, a quien le gusta tomar ... quizá muy seguido. En los días que está sobrio, nunca quiere hablar con nadie sobre nada. Vive aislado y rara vez hace tiempo para compartir una comida.

Esta persona es víctima de la ansiedad social. Bebe para tener el valor de enfrentar a las personas o iniciar una conversación, y todo el proceso se repite.

No es raro que mucha gente tome una copa o dos antes (y durante) de asistir a un evento social. Enmascaran sus miedos con la embriaguez. Es como si se llenaran de valor a través del alcohol y se sienten fuera de lugar si dejan de beber.

Otros consumen varios tipos de droga para obtener los mismos resultados, dándole un par de bocanadas a un porro o aspirando un poco de cocaína para ayudarlos a sentirse "más sociables", cuando en realidad, simplemente están enmascarando sus propias inseguridades.

A la larga, estas personas pueden convertirse en abusadores de sustancias. Es increíblemente desafortunado que ahora tengan un segundo problema que afrontar.

Cada año se invierte mucho tiempo, esfuerzo y dinero en rehabilitación y, lamentablemente, no todos pueden recibir ayuda. Algunas personas que beben o usan drogas de manera recreativa para enmascarar sus miedos se vuelven adictas de por vida, quizás cayendo en un ciclo donde dejan la droga en la que confiaron, solo para reincidir en una etapa posterior, potencialmente causada por el estrés de esas mismas interacciones sociales de donde habían buscado consuelo en primer lugar.

Menos productividad en el trabajo

La ansiedad social te lleva a sentirte incómodo entre tus colegas, por lo que tiendes a evitar actividades que involucran el trabajo en equipo. Esto, por supuesto, afecta tus relaciones de trabajo y puede llevar a que la gente tenga una opinión negativa sobre ti porque estás muy retraído.

Cuando estás en el trabajo, es posible que dediques mucho tiempo a una actividad en particular, ya que crees que tus resultados no son lo suficientemente buenos y que tu jefe podría rechazarlos, por lo que trabajas más y más en tu quehacer para obtener su aprobación.

Puede ser muy difícil para una persona que sufre de ansiedad social cumplir con los plazos. Como resultado, pueden encontrarse en riesgo de perder su trabajo o carrera si no pueden "conectar" con el equipo.

Hipersensibilidad a la crítica.

La hipersensibilidad tiende a manifestarse como un miedo extremo a ser juzgado por otros, avergonzado o humillado. Hasta cierto punto, esto es normal, sin embargo, exaltarse cuando otros ofrecen críticas constructivas sobre las acciones no lo es. La vida está llena de lecciones, y ser criticado es una de las muchas oportunidades que una persona tiene para aprender. Desafortunadamente, la ansiedad social puede hacer que una persona piense que otras personas no reconocen sus esfuerzos y puede ignorar el hecho de que sus críticas pueden ayudarlos a mejorar su desempeño y / o situación.

Aislamiento y relaciones sociales difíciles.

La mayoría de las víctimas del trastorno de ansiedad social tienden a aislarse. Raramente hacen amigos. Recordar que los humanos son criaturas sociales y que vivir solo tiende a provocar soledad, esto puede ser un problema.

Hacer movidas hacia una persona del sexo opuesto también resulta más fácil pensarlo que hacerlo. De hecho, muchas personas que sufren de Trastorno de ansiedad social nunca entran en ningún tipo de relación romántica, y mucho menos una duradera. A menudo hay una serie de desconexiones en las emociones y los que sufren pueden sentir (errónea-mente) que su pareja no se toma en serio la relación.

Diálogo interno negativo

De vez en cuando, nos encontramos pensando cómo "debería haber dicho *esto*", o "desearía no haber hecho *aquello*", y luego nos maldecimos y reforzamos la creencia de que somos estúpidos o insignificantes. Esto puede deberse a un simple fracaso para lograr una meta o cuando cometemos un error en el hogar, la escuela o el trabajo. Continuamente nos auto-insultamos y, a veces, incluso hacemos una lista cosas en las que no somos buenos. No creemos en nuestro potencial.

Bajo rendimiento académico

Para los estudiantes, la ansiedad puede ser particu-larmente exhaustiva. La ansiedad puede hacer que un estudiante se sienta incómodo haciendo o respondiendo preguntas en clase; por lo tanto, el proceso de aprendizaje se disminuye. Durante los exámenes, algunos estudiantes sudan de las manos a tal punto que incluso sostener un bolígrafo se vuelve problemático.

Si te hace sentir mejor, incluso Eminem sufrió de eso:

"Sus palmas están sudorosas, sus rodillas débiles, sus brazos pesados".

Problemas para ser asertivo

Ser asertivo es uno de los rasgos de personalidad más acordados universalmente en que se correlaciona casi directamente con el éxito en la vida de una persona.

Las personas que sufren del trastorno de ansiedad social pueden verse incapaces de aferrarse a cualquier decisión. Al ser presionados por otros, pueden cambiar su postura sobre cualquier cosa, ya que se sienten incapaces de defenderse por sí mismos o sus creencias. Ser asertivo ayuda a una persona a atenerse a lo que cree y, en última instancia, a tener menos remordimientos en el futuro. No ser asertivo puede tener serias consecuencias negativas en el futuro, no solo en un sentido profesional, sino también en las relaciones personales.

Sin un sentido firme de sí mismo y rigidez en sus creencias, una persona puede terminar con remordimientos de por vida, sintiendo que siempre han fallado en tomar la decisión correcta.

A veces, las personas quienes deberían alentarnos a ser valientes y enfrentar el trastorno de ansiedad social están haciendo lo que según ellos nos conviene más, pero simplemente no saben cómo ayudar de la manera más efectiva.

Recuerdo a mi madre tratando de aconsejarme sobre cómo superar mi ansiedad social, pero, a pesar de tener su mejor interés en su corazón, sus sugerencias fueron atractivas y, quizá hasta peores, ¡tampoco fueron efectivas!

El momento decisivo para mí fue en cuarto grado. Mi maestro se dio cuenta que no quería participar y prácticamente me congelé cuando se me pidió "pasar al frente del salón". Después de confirmar con mi madre y yo, ella comenzó a darme sesiones de consejería para ayudarme a superar mi lucha. Ella fue la primera persona de quién aprendí sobre el concepto de trastorno de ansiedad social. Ella me introdujo libros que tenían soluciones. Poco a poco, comencé a practicar los pasos que había leído y, después de una serie de sesiones con mi maestro y mucho trabajo duro de mi parte, puedo decir con tal asertividad que ya no sufro de ansiedad social, de hecho, normalmente soy la persona que más habla en cualquier grupo!

¿Te acuerdas de la Dr. Agnes? Bueno, ella fue la segunda persona que escuché hablar sobre el trastorno desde una perspectiva bien informada. Esta vez, tomé notas y juré compartir esta información con tantas personas como pudiera para ayudarlas a sobrellevar sus propias luchas con el trastorno de ansiedad social.

Al principio trabajé uno a uno con personas en mi área local, luego me contacté a través de las redes sociales a personas de todo el mundo que estaban luchando. Descubrí que había desarrollado un gran interés en ayudar a las personas a superar sus problemas y, por lo tanto, decidí estudiar el problema más a detalle, tomar lo que funcionaba de los enfoques que la gente estaba usando y combinar mis hallazgos para escribir este libro.

¡Espero sinceramente que este libro pueda ayudarte a vencer tus miedos y ansiedades y a recuperar tu vida!

7

CAPÍTULO TRES: TERMINANDO EL PROBLEMA DE ANSIEDAD

uando desarrollas Ansiedad Social, hablar en público es un problema importante. Hablar en público es algo difícil y puede hacer que algunas personas se congelen por completo estando en el escenario. Recientemente, formé parte de una junta general anual de accionistas en una de las compañías inmobiliarias más grandes del país. Había especialistas de cada departamento de la compañía que presentaban sus informes anuales, sin embargo, había una mujer en particular que resalta en mi memoria. Se veía presentable, quizá en sus treintas con un vestido elegante y calzado cómodo. Mientras se tambaleaba hacia el escenario con los hombros hacia adelante y los ojos en el suelo, se notaba que no era algo con lo que se sintiera a gusto.

Por un momento, parecía que mis sospechas de su miedo

no tenían fundamento, ya que ella dijo en voz alta y con confianza "¡Buenos días!" a la multitud, y luego ... silencio. Ella se quedó allí parada como si hubiera olvidado la razón por la que se dirigió al escenario.

Desde donde estaba sentado, pude ver que sus manos temblaban terriblemente. Estaba en medio de un ataque de ansiedad y su mente se había bloqueado. Esto lo reconocí porque he experimentado lo mismo, en varias ocasiones.

Se las arregló para balbucear las primeras palabras de su presentación e intentó ganar algo de impulso, pero incluso después de solo cinco minutos, estaba visiblemente jadeando debido a su hiperventilación todo el tiempo. Se las arregló para cojear el resto de su presentación sin desmayarse, pero salió muy rápido del escenario tan pronto como quitó la última diapositiva.

Su reacción es comprensible cuando piensas en una famosa cita del Sr. Seinfeld:

"Según la mayoría de los estudios, el temor número uno de las personas es hablar en público. El segundo es la muerte. La muerte es el número dos. ¿Eso suena bien? Esto significa para la persona promedio, si vas a un funeral, estarías mejor en el ataúd que haciendo el elogio".

8

MANEJO DEL TRASTORNO DE ANSIEDAD SOCIAL

*E*l objetivo principal de este libro es ayudarte a superar el trastorno de ansiedad social. El contenido de esta sección tiene como objetivo presentarte las mejores soluciones posibles para reducir y, en última instancia, terminar con el problema que padeces.

Reducir la ansiedad social puede ser difícil en las etapas iniciales; sin embargo, se hace más fácil con el tiempo. A continuación, se presentan algunas de las maneras más efectivas para ayudar a cualquier persona, de cualquier edad, a comenzar a controlar su ansiedad social.

Consulta a un terapeuta

El trastorno de ansiedad social puede ser sumamente difícil de tratar por cuenta propia. Si te encuentras en esta situación, debes buscar la ayuda de un psicólogo lo antes posible. Es prudente encontrar un terapeuta especializado en trastornos de ansiedad, pero no es esencial, ya que todos los psicólogos profesionales reciben capacitación sobre el alivio de ansiedad para los pacientes.

Pasar por terapia o un programa de consejería con un especialista ayudará a replantear tus percepciones. Al compartir tus sentimientos con alguien de confianza, se reforzará el proceso de sanación, y es una forma de demostrar que reconoces que tienes un problema y que necesitas ayuda. Durante las sesiones de terapia, asegúrate de discutir todas las situaciones que te hacen sentir ansioso, y el psicólogo podrá brindarte una consejería personalizada y profesional sobre cómo replantear y superar la ansiedad y tus miedos.

Piensa positivamente antes de los eventos sociales

Desarrollar una rutina para calmarse antes de un evento social puede ayudarte a recuperar la compostura tanto como puede aliviar tu mente. Las actividades que te hacen sentir feliz pueden ayudarte a liberar sustancias químicas "para sentirse bien" en el cerebro. Con el tiempo, esto relaja el cerebro y ayudará a sobrellevar los encuentros estresantes. Cosas como: escuchar tu música favorita, ver una película o jugar un videojuego puede ser útil para ponerte en un estado mental relajado y positivo antes de salir a un evento social.

Apaga los pensamientos negativos

Tu imaginación es algo maravilloso. Si se utiliza de manera constructiva, puede ser de gran beneficio; sin embargo, usar tu imaginación para asustarte es más peligroso de lo que parece. Suena bastante inofensivo de forma aislada, pero los pensamientos negativos recurrentes pueden arraigarse rápidamente en el subconsciente.

Este patrón de pensamiento negativo parece aparecer con mayor frecuencia cuando alguien intenta imaginar lo que otras personas piensan y sienten sobre ellos. Por lo general, comienza con una nota negativa y empeora a partir de ahí. ¡Este tipo de pensamientos no son útiles! Nadie puede leer los pensamientos de otras personas (a pesar de lo que puedan afirmar ciertos artistas), por lo que tratar de inferir lo que alguien siente por ti no solo es una pérdida de tiempo, sino que probablemente harás incómodas interacciones futuras con ellos. Estarás adivinando lo que están diciendo ya que "sabrás" lo que "realmente" piensan de ti.

Esto también es cierto al momento de hacer una presentación en público. No te preocupes si las personas juzgarán tu estilo de entrega. Solo concéntrate en Ti mismo. Imagínalos en ropa interior (si eso es lo tuyo), pero no tienes que sentirse intimidado por ellos. Puedes pararte frente a una multitud y hablar con ellos, libre y fácilmente, solo tienes que creer que puedes. Tratar de descubrir cuáles son las percepciones de las personas sobre ti en base a las miradas de sus caras es un proceso agotador y una pérdida de tiempo. Esto obstaculizará tu presentación, por lo que desactivar tales pensamientos es útil (aunque, al principio, no es fácil). En última instancia, podemos influir en la forma en que las personas piensan acerca de nosotros al ser más seguros y compuestos socialmente, así que recuerda: ¡Al ca****jo lo que piensen, y te amarán por eso!

Ejercicio

Hay muy pocas cosas en este mundo que sean tan efectivas como elevar el estado de ánimo y la confianza de alguien como el ejercicio. No digo que tengas que entrenar como si estuvieras en los Juegos

Olímpicos, y no tienes que sudar hasta que tu ropa apeste.

Puedes hacer ejercicios de intervalos pequeños que te lleven menos de 10 minutos, o caminar o trotar durante el tiempo que desees. El punto es encontrar algo que disfrutes (o por lo menos algo que no odies). Si haces ejercicio regularmente, por ejemplo, tres veces por semana, es menos probable que te sientas ansioso en algunas ocasiones.

Ah, y escucha, si pierdes un poco de grasa abdominal y se te marcan los músculos del estómago (6 pack), también te sentirás más seguro, ¿verdad?

Pasa tiempo al aire libre

Relajarse al aire libre solo o con otras personas también puede ser útil para combatir la ansiedad social y la depresión. Los humanos han pasado los últimos millones de años rodeados de naturaleza, y solo en los últimos doscientos años nos hemos mudado a ciudades cada vez más densas y superpobladas. Salir y volver a la naturaleza puede ser de gran ayuda para impulsar la relajación de una persona. Numerosos estudios han demostrado los beneficios para la salud como: bajar la presión arterial, aliviar la tensión muscular y reducir las hormonas del estrés... todos estos son factores que se sabe que aceleran el trastorno de ansiedad social.

Tener un momento relajante al aire libre no tiene que durar todo el día. Simplemente toma unos minutos para almorzar o por la mañana en tu patio trasero, un parque local, bosque o lago (si tienes la suerte de vivir cerca de uno). 5-10 minutos pueden ser suficientes para obtener beneficios reales y sentirse más centrado. Podrás notar que estás más tranquilo y más seguro a medida que transcurre tu día si comienzas un paseo relajante por la naturaleza ...

Meditación

La meditación ha tenido una especie renacimiento en los últimos años, por lo que asumo que no es realmente necesario responder en detalle algunas de las objeciones comunes que generalmente surgen:

1. "¿No es todo una tontería?"
2. "No quiero ser monje, muchas gracias".
3. "Me siento estúpido".
4. "Lo he intentado antes y mi mente no se callaba".

A lo que yo diría:

1. No, se han estudiado innumerables estilos de meditación incluso en la última década, y los resultados son unánimemente positivos. La meditación está respaldada por la ciencia **y funciona.**

2. La religión y la espiritualidad no tienen que tener nada que ver con la meditación, a menos que tú también lo desees.

3. Todos lo hacen, pero el secreto es que a nadie le importa si estás sentado y entonando "oommmmmm" para ti. Probablemente querrán participar una vez que vean los increíbles beneficios que obtienes de la práctica.

4. La meditación es definitivamente una habilidad que Uno tiene que adquirir (¿por qué los monjes siguen ahí todo el día, todos los días?), pero la buena noticia es que puedes aprender las bases y ser lo suficientemente bueno como para sentir beneficios importantes de la práctica de tu **primera** sesión.

La meditación es una excelente manera de ayudar a relajar tu mente. Ayuda a concentrarse en el presente a través de la respiración. Esto mantiene la mente libre de todos los pensamientos, incluidos los negativos. Una vez que la mente se ha tomado un descanso y se ha calmado, la propensión natural es concentrarse en lo positivo, por lo que es posible que los pensamientos más positivos surjan mas naturalmente cuando comience a practicar la meditación.

La parte divertida es que la meditación es una gran herramienta para reformular los pensamientos y mirarlos desde una perspectiva diferente. Es posible que esas "grandes preocupaciones" sean un poco menos significativas una vez que las haya visto desde diferentes ángulos.

Si deseas comenzar con la meditación o al menos intentarlo, te sugiero comenzar con una aplicación de meditación como *Headspace* o *Calm*. Ambos se pueden descargar y probar de forma gratuita para que no tengas que desembolsar dinero para ver si la meditación es para ti. Todo lo que necesitas es un *smartphone* (o computadora) y un par de auriculares. Ahora ve y descarga la aplicación, ¡¿qué estás esperando?!

Practica yoga

El yoga a menudo se asocia a una forma de meditación. Maniobrar el cuerpo en ciertas posiciones puede fortalecer y estirar los músculos y otros tejidos corporales. Practicar conscientemente los movimientos de yoga ayuda a desconectar la mente de todo lo que no sea el aquí y ahora (y eso incluye desconectarse de tus preocupaciones). Al mismo tiempo, la respiración tranquila y rítmica puede reducir de manera efectiva el ritmo cardíaco y la presión sanguínea para ayudarte a estar menos ansioso después de haber terminado la sesión de Yoga.

Yo entiendo que el yoga no sea del interés de todos, ten la libertad de pasar este por alto y centrarte en la meditación, pero si suena como algo que te gustaría probar, puedes comenzar siguiendo videos de YouTube y avanzar hasta participar en una clase con otros una vez que te sientas preparado.

Aromaterapia

Calentar ciertas hierbas naturales y extractos de plantas ha sido un remedio comprobado para el estrés y la ansiedad durante cientos de años. Los aromas sencillos, como la lavanda, la manzanilla y el agua de rosas, son un excelente punto de partida si estás interesado en probar la aromaterapia. Encontrarás aceites concentrados de cada uno de estos fácilmente disponibles en línea. Estos aceites producen un olor maravilloso cuando se calientan y no tienen efectos nocivos en el cuerpo. También puedes frotar la savia de las plantas sobre la piel (si no eres alérgico, por supuesto). Los científicos dicen que los aromas dulces pueden influir en la funcionalidad del cerebro, afectando positivamente los estados de ánimo y las emociones. La aromaterapia es definitivamente algo que debes probar si eres una persona que pasa más su tiempo dentro de casa (me incluyo).

Recibe un masaje

Muy bien, este es un poco indulgente, pero tengan paciencia conmigo.

Sentir que las manos expertas de un terapeuta liberen la tensión de los músculos realmente pueden ayudar a calmarte. La reflexología se realiza frotando, apretando y presionando en áreas con mucha tensión para ayudar a liberarla. Además de relajar los músculos, ayuda a relajarte a ti mismo y, en efecto, a disminuir tu ansiedad.

No es exactamente la opción más económica de esta lista, ¡pero probablemente sea la más agradable!

Limita el consumo de alcohol

Beber unas pocas botellas de cerveza puede parecer relajante, pero cuando recuerdas que el alcohol afecta a tu cerebro en su capacidad para procesar información y tomar decisiones, comienza a sonar como una mala idea.

Beber regularmente y en exceso puede hacer que una persona sea indecisa a veces y puede sentir que otros la estén juzgando sobre su consumo de alcohol, lo que puede ser cierto.

El alcoholismo afecta la salud general de una persona, razón por la cual, consistentemente, los médicos desaconsejan un consumo elevado del mismo, ya que conduce a problemas de hígado, entre otras cosas.

Beber para enmascarar la ansiedad social es una solución a corto plazo y puede causar más daño que bien, así que, si te encuentras bebiendo para disminuir tu ansiedad, trata de bajar el volumen por un corto tiempo y sigue los otros pasos de este libro.

Unirse a grupos de apoyo

Las víctimas del trastorno de ansiedad social pueden tener dificultades para unirse a grupos de apoyo debido a sus tendencias antisociales; sin embargo, estos grupos pueden ser increíblemente útiles, ya que están llenos de gente con problemas similares. En tales grupos, los participantes no están interesados en juzgar a los demás, están allí para ayudarse a sí mismos y a otros miembros del grupo y proporcionar un espacio seguro para que todos puedan sentirse cómodos.

Al unirse a un grupo, se te alentará a compartir tus problemas de manera honesta y abierta. Esto se sentirá incómodo al principio, pero una vez que estés acostumbrado al grupo y te sientas cómodo con las personas que te rodean, te resultará mucho más fácil abrirte y dejar que te ayuden con sugerencias y soluciones.

En un grupo de apoyo de personas que padecen el trastorno de ansiedad social, se comparten opiniones imparciales y sinceras sobre los problemas de cada individuo y cómo manejarlos. Esto no solo proporciona un ejemplo real del viejo dicho: "*un problema compartido, es un problema reducido a la mitad*", sino que también puedes ver que otras personas que luchan con el trastorno tienen más dificultades que tu.

Al revelar tus experiencias en tales grupos, aprenderás de primera mano que los pensamientos sobre el juicio y el rechazo están distorsionados y son falsos. Lo que es más importante, aprenderás cómo otros con un problema similar se acercan y superan los temores sociales.

Duerme mejor

Dormir es una solución increíble, natural y gratuita para una serie de problemas psicológicos. De hecho, los médicos abogan por períodos de sueño prolongados y de calidad como una forma de lidiar con el estrés y la depresión.

Al asegurar un sueño suficiente aseguras que tu cuerpo y cerebro tengan tiempo para relajarse y recargarse para ayudarte a lidiar con el día por delante. Dormir lo suficiente también tiene un efecto que mejora el estado de ánimo y es más capaz de concentrarse en lo que está haciendo en cualquier momento.

Como recomendación general, el objetivo de 8-9 horas de SUEÑO por noche parece tener los efectos más beneficiosos. El sueño está en mayúsculas porque eso es lo que se necesita: DORMIR, no mirar televisión en la cama o navegar por las redes sociales.

Bloquea el tiempo y comprométete a obtener al menos 8 horas de SUEÑO durante al menos 1 semana, y luego ve cómo te sientes. Si notas que no está mejorando tu vida (¡poco probable!), puedes volver a mirar Netflix hasta las 2AM, pero si notas una diferencia positiva (¡mucho más probable!), te animo a tener como prioridad un sueño duradero y de alta calidad de forma regular para ayudarte a sobrellevar tus problemas de ansiedad.

Pregunta a otros sobre ti mismo

El aislamiento y pasar tiempo reflexionando sobre tus percances y errores no es una forma muy efectiva de sentirse mejor. Si quieres conocerte mejor, pregúntale a las personas que te rodean cómo te perciben. Es importante enfatizarles que necesitan dar crédito donde corresponde, pero también que mentir no te ayudará a mejorar. Una crítica constructiva es lo que se requiere y deben apoyarte en su objetivo de mejorar.

Puedes ser de ayuda cultivando la curiosidad. Al hacer preguntas a la gente que requiere de respuestas simples de "sí" o "no", interrumpirá la conversación. En cambio, enfócate en pedirle a la gente que amplíe sus pensamientos y respuestas. Hacer preguntas como: "Este es un punto realmente interesante, ¿podrías contarme un poco más al respecto?", y "Estoy completamente de acuerdo. Solo por interés, ¿cómo llegaste a esa conclusión? "

Como regla general, a las personas les encanta hablar de sí mismas y de sus pensamientos (incluso si esos pensamientos son acerca de ti), por lo que encontrarás que este ejercicio naturalmente le encantaría a la gente cercana a ti, por lo que tendrás interacciones más positivas con las personas de una manera completamente natural.

También debes tener en cuenta que, a veces, las personas pueden criticar ciertos comportamientos que parecen antisociales, tímidos o egoístas. Es importante tratar de ver esta crítica de manera positiva, ya que se trata de alguien que realmente intenta ayudarte. Prométete a ti mismo tomar gradualmente cualquier buen consejo e implementarlo en tu vida, cuando sea posible.

¡Ponerse al día con las personas unos días o semanas después para decirles cómo sus consejos han impactado positivamente en tu vida les hará el día!

Prueba la terapia de biorretroalimentación

La terapia de biorretroalimentación funciona mediante el uso de la tecnología para mostrarte, en tiempo real, cómo está respondiendo tu cuerpo. Con estos comentarios, puedes ver qué acciones y procesos de pensamiento estimulan la relajación y alivian la ansiedad, y también puede identificar qué desencadena estos estados negativos en primer lugar.

Esta puede ser una terapia costosa y puede no estar disponible fácilmente donde te encuentres, sin embargo, es una técnica probada que funciona para identificar las diversas situaciones que hacen que una persona se sienta incómoda.

Existen varios "niveles" de terapia de biorretroalimentación, que van desde la medición de tu frecuencia cardíaca o la variabilidad de la frecuencia cardíaca (VFC) con la cámara de tu celular o la correa para el pecho de Bluetooth, que te ayudan a inferir una respuesta al estrés de los datos, hasta tener electrodos colocados en tu cabeza y pecho para obtener retroalimentación multicanal en tiempo real de tu cuerpo.

El papel principal de estos electrodos es enviar señales o pulsos a una pantalla donde tú y el terapeuta pueden leer e interpretar. Principalmente, el terapeuta hará preguntas al paciente sobre situaciones que lo ponen nervioso. Los pacientes exhibirán síntomas físicos que son interpretados por la computadora a través de los sensores. Los sensores controlan el patrón de latidos del corazón del paciente, la frecuencia respiratoria, la presión arterial, la actividad muscular y la temperatura de la piel.

A través de esta terapia, una persona puede determinar las situaciones particulares que la hacen sentir ansiosa o agitada. Un terapeuta de biorretroalimentación puede ayudarte a practicar ejercicios de relajación después de revisar tus resultados. En un corto período de tiempo, esto puede ayudar a controlar tu ansiedad y eventualmente a curarla por completo.

A la *** con los Chismes

Preocuparse constantemente por quién chismea sobre ti es estresante. ¿Por qué te importaría de todos modos? Practica acostumbrarte a las personas que hablan (y que potencialmente hablan de ti). Reconoce que nunca podrás ser la persona favorita de todos y que estar constantemente preocupado por lo que la gente podría decir sobre ti es garantía que te hará sentir ansioso, así que ten en cuenta cuándo sientes que surgen estos pensamientos y vuelve a concentrarte en los aspectos positivos de la interacción.

Establecer prioridades razonables

Tener un propósito y tomar medidas concretas para lograrlo son formas infalibles de fomentar la realización y la felicidad. Esto puede ser tan simple como crear una lista de tareas pendientes de objetivos priorizados y comenzar a trabajar en tu Tarea Más Importante (TMI). Esto te ayudará a descubrir qué tarea necesita una acción inmediata y cual puede esperar.

Esto también te enseñará autodisciplina para que no te pierdas ni pospongas ningún objetivo.

La forma más sencilla de lograr cualquier objetivo es trabajar metódicamente en cada TMI hasta que esté completa y luego comenzar la siguiente. Esto evita saltar de meta en meta o de tarea en tarea innecesariamente.

Asegúrate de establecer objetivos alcanzables que puedan alcanzarse dentro de un marco de tiempo realista.

Tal vez no sea tan probable que suceda convertirse en millonario de la noche a la mañana, pero establecer una meta y un plan de acción sólido y bien definido para ser financieramente libre en los próximos 3-5 años… eso sí es factible.

Pide ayuda si es necesario, y no te preocupes por

cosas que no son importantes para tus objetivos. Intenta evitar el no reconocer tus logros o centrarse en los aspectos negativos si tu objetivo no se cumple con tu marco de tiempo autodefinido. Cualquier objetivo no alcanzado es simplemente una oportunidad para aprender de él y convertirse en una mejor persona.

Incluso cuando establezcas metas para cosas que deben hacerse para mejorar tu vida (finanzas / salud / estado físico, etc.), intenta incorporar metas de *comportamiento* objetivas. Estas te ayudarán a combatir tus miedos y superar el trastorno de ansiedad social. Por ejemplo, establecer una meta para conocer a 3 personas nuevas e iniciar conversaciones en la próxima semana puede sonar como el infierno en la tierra, pero si estableces esto como una meta y te esfuerzas por lograrlo, al finalizar la semana verás lo que has alcanzado y te darás cuenta que has expandido masivamente tu zona de confort!

Lista todos tus logros

Una manera simple y fácil de evitar enfocarse en el diálogo interno negativo es hacer una lista de todas las cosas de las que estás orgulloso. Al escribir y hacer referencia a esta lista, te hace sentir que, si bien no puedes ser bueno en todo, tienes algunos logros positivos en tu vida de los que puedes sonreír.

Puedes comenzar escribiendo 1 o 2 cosas que has logrado, sin importar cuán pequeñas te puedan parecer, que puedas mirar hacia atrás y sonreír. Tómate un tiempo y reflexiona sobre todo el trabajo duro que has realizado para llegar a tu posición actual. De esta manera, poseerás y aceptarás tus logros y crearás una gran base para eliminar la ansiedad con una mentalidad positiva.

Tener una respuesta positiva a fallas y errores

Cometer errores es ser humano. Maldecirse por un error no te hace ningún favor, pero es un problema muy común para casi todos, y no solo para las personas que sufren de ansiedad social.

En lugar de maldecirte por el error cometido, anímate conscientemente creyendo que aprendiste algo de la experiencia y que ahora sabrás mejor la próxima vez.

El reconocido fundador de la Ford Motor Company, Henry Ford, dijo que "el fracaso es la única oportunidad para comenzar de nuevo de manera más inteligente".

Sentarse solo y pensar en las percepciones de otras personas sobre tus errores es común, pero repito, no es muy útil para ti o tus niveles de ansiedad. Nunca puedes saber lo que hay en la mente de otra persona, así que no pierdas el tiempo juzgándote a ti mismo. Concéntrate en el próximo paso para lograr una de tus metas y vuelve a esa mentalidad positiva.

Practica haciendo lo que te pone ansioso

También conocida como "*terapia de inoculación*", esta estrategia consiste en presentarse lentamente a las cosas que te hacen sentir ansioso en un intento por disminuir los sentimientos negativos con el tiempo.

¡Atrévete! Identifica las situaciones que te vuelven ansioso y crea una lista, clasificando tus miedos de menor a peor. Con esta lista, estarás listo para enfrentar tus miedos (poco a poco).

Digamos que tu mayor temor es hablar con un miembro del sexo opuesto (brevemente, usaremos como ejemplo acercarse a las mujeres).

En este instante, dividirías el miedo en aquellos pasos que conducen al mismo. Por ejemplo, en el día 1, podrías plantearte el desafío de sonreírle a una chica. Eso es. Puedes salir corriendo después si gustas, pero tu único esfuerzo es sonreírle a una chica soltera.

Luego, al día siguiente, después de tu éxito de sonreírle a una chica, ahora anímate a sonreírle a dos, y continúa construyendo tu progreso todos los días. Una vez que te sientas cómodo sonriéndole a las chicas, ahora desafíate a ti mismo para decirle "Hola" a una, y luego a mantener una conversación completa, ¡y luego invitarla a salir! Puedes tomar grandes miedos y metas y dividirlos en pequeños pasos en los que trabajarías todos los días.

Practicar exponiéndote a lo que temes te ayudará a acostumbrarte rápidamente. Eventualmente, desarrollarás un sentido que te diga que hacer cosas que te hacen sentir ansioso no significa que tengas que evitarlas.

Conclusión

Esperemos que al menos una de estas estrategias te ayude a aliviar o superar por completo tu ansiedad social. Si encuentras que una de ellos ha tenido un impacto positivo, continúa esa práctica y quizás prueba uno de las otras en conjunto con ella.

Anota los resultados de cada técnica, ya que esta te ayudará a descubrir qué te funcionó y qué no.

Uno de los puntos más importantes a tener en cuenta con cualquier tipo de cambio de vida es que estas cosas pueden llevar tiempo, por lo que no te sientas estresado si algunas parecen no funcionar. Es probable que algunas de estas técnicas produzcan un efecto positivo desde su primer uso, pero otras toman tiempo, ¡así que elige una y aférrate a ella durante un par de semanas para cosechar los beneficios!

9

MEDICAMENTOS PARA EL
TRASTORNO DE ANSIEDAD SOCIAL

*M*uchos psicólogos están de acuerdo en que el uso de medicamentos, especialmente a largo plazo, es una forma inadecuada de lidiar con la ansiedad social. Como tal, antes de recurrir a la medicación, es prudente explorar primero los métodos no farmacéuticos para aliviar la ansiedad social. Como se mencionó anteriormente, el trastorno es una ilusión que se puede superar cambiando su patrón de pensamiento. La medicación puede o no complementar varias estrategias para manejar la ansiedad social.

A continuación, se detallan los principales tipos de medicamentos que comúnmente se utilizan al tratar el trastorno de ansiedad social:

- Medicamentos contra la ansiedad.
- Antidepresivos
- Bloqueadores beta
- Benzodiazepinas

Exploraremos cada uno de estos y sus pros y contras asociados a continuación:

Medicamentos contra la ansiedad

Estas son drogas poderosas que funcionan para reducir la ansiedad rápidamente después de la ingestión; sin embargo, estos medicamentos nunca deben tomarse durante un período prolongado ya que la tolerancia se desarrolla rápidamente. Esto ocasiona que el usuario requiriera dosis cada vez más altas para obtener el mismo efecto.

Desafortunadamente, este ciclo comúnmente lleva a los usuarios a convertirse en adictos. Debido a esto, los médicos generalmente recetan medicamentos contra la ansiedad solo por un período corto.

La clase más común de medicamentos contra la ansiedad son las benzodiazepinas. Esta clase de medicamentos tiene un fuerte efecto sedante que los hace impopulares entre los pacientes con trastorno de ansiedad social que desean mantener la agudeza mental (o la vigilia).

Antidepresivos (inhibidor selectivo de la recaptación de serotonina (ISRS)

Los antidepresivos se han usado durante décadas y se usan con mayor frecuencia para tratar complicaciones relacionadas con el estrés y la depresión. Pueden ser muy útiles para los síntomas del trastorno de ansiedad social.

A diferencia de la mayoría de los medicamentos contra la ansiedad, los antidepresivos pueden tardar unos días en comenzar a funcionar.

También tienen muchos efectos secundarios adversos documentados, como dolores de cabeza, náuseas y dificultad para dormir. Algunos efectos secundarios son raros, especialmente si la dosis comienza baja y se va incrementando con el tiempo, pero si se trata de medicamentos que hayan sido recetados, es importante que informes a tu médico sobre cualquier efecto secundario y, si es necesario, colabores con tu médico. para probar otros medicamentos.

Betabloqueantes

Estas drogas pueden ayudar a reducir los síntomas físicos de la ansiedad. Como se discutió anteriormente, los síntomas físicos que se exhiben cuando una persona tiene un trastorno de ansiedad social, como aumento de la frecuencia cardíaca, temblores y sudoración, entre otros. Todos estos síntomas físicos pueden mejorarse mediante el uso de una receta de betabloqueantes. Este es actualmente el medicamento más común prescrito contra la ansiedad por el rendimiento.

Tu médico determinará el mejor medicamento y dosis después de un diagnóstico integral. Es probable que las personas que padecen trastorno de ansiedad social a quienes se les recetan estos medicamentos obtengan resultados óptimos cuando se combinan con otras psicoterapias. El tratamiento exitoso depende de tu capacidad de adaptarse a los cambios provocados por cualquiera de estos dos métodos.

Sin embargo, vale la pena señalar que tanto la psicoterapia como la medicación puede tardar un tiempo en funcionar. Un estilo de vida saludable también ayuda a combatir el trastorno de ansiedad social, por lo que debe centrarse en dormir lo suficiente, minimizar el consumo de alcohol y llevar una dieta saludable. Lo que es más importante, recuerda que siempre podrás recurrir a familiares y amigos en quienes confías para obtener ayuda cuando la necesites.

10

CAPÍTULO CUATRO: RECUPERACION TOTAL

*C*uando comiences tu viaje hacia la recuperación del Trastorno de Ansiedad Social, puede parecer que no hay un final. Por desgracia, este sentimiento es muy común ya que muchas personas que sufren de alguna forma u otra de trastorno de ansiedad social eligen quitarse la vida. Este es un hecho triste, pero con suerte, podemos trabajar para mejorar a medida que se difunde más conciencia sobre las causas y los tratamientos.

Espero que con todo lo que hayas leído en este libro, ahora te sientas mejor equipado para no solo lidiar con los síntomas de la ansiedad social día a día, sino también para ver un final positivo- un día en que te hayas recuperado por completo.

¿CÓMO SABRÉ CUANDO ME HAYA RECUPERADO POR COMPLETO?

*L*a recuperación total es un gran logro para cualquiera que haya sufrido un trastorno de ansiedad social. Para muchas personas, una vez que se dan cuenta de que han alcanzado este hito, se siente como una oportunidad de disfrutar de una vida nueva, positiva y satisfactoria. Ser capaz de vivir sin estar constantemente abrumado por la ansiedad es increíblemente liberador, especialmente cuando previamente ha reclamado tanto de tu existencia. Entonces, ¿cómo sabrás que te has recuperado completamente?

Estas son algunas de las principales señales de que has conquistado por completo tu trastorno de ansiedad social:

Puedes asistir a eventos sociales

Las bodas, los servicios religiosos, las conferencias públicas y las fiestas de cumpleaños son ejemplos de los eventos sociales que se evitan con mayor frecuencia para aquellos que padecen el trastorno de ansiedad social. Sentirse cómodo en cualquier evento social es una señal de conquistar la ansiedad y, si bien pasar un día entero entre las personas puede parecer bastante desafiante y desagradable las primeras veces, rápidamente notarás que comienza a sentirse normal.

No te concentras en los juicios y pensamientos de otras personas

No preocuparse por los chismes de las personas también es una señal de recuperación total. Cuando descubres que tu mente se está enfocando natural-mente en los aspectos más positivos de la vida, notarás que es más fácil abandonar el malestar

Eres social y conversas fácilmente con los demás

No sentirse tímido frente a las personas es la señal clave de una mejora importante al superar el tras-torno de ansiedad social. Aprovechar cualquier oportunidad para hablar con gente nueva realmente puede ayudarte a ganar confianza. Un día te encontrarás en medio de una conversación con un grupo de amigos y te darás cuenta de que no te sientes ansioso ni preocupado por nada. ¡Es una sensación increíble y uno de los momentos más motivadores en la vida de alguien!

Hablar en público

Si empiezas a sentirse cómodo al hablar en público, esta es una señal segura de recuperación; pero ten en cuenta que el miedo escénico al comienzo de tu presentación es absolutamente normal. Si la ansiedad que sientes antes de hablar en público no es abrumadora e incapacitante, no debe verse como un síntoma del trastorno de ansiedad social, y puedes tener la seguridad de que estás libre del trastorno.

No estás constantemente estresado por lo que "*podría*" suceder

Apreciar e internalizar la creencia de que nunca se puede cambiar el resultado de ciertos eventos futuros es una mejora importante. Prestar atención a cómo podrías influir en eventos futuros tomando mejores decisiones es un gran cambio de mentalidad en el camino hacia la recuperación del trastorno.

Ausencia de síntomas físicos ante el miedo.

Si ves que no estás sudando, temblando o notando cualquiera de los otros síntomas físicos a los que estabas acostumbrado cuando comenzó la ansiedad social, esto es un claro indicio de que tu subconsciente ha internalizado tus nuevas creencias y ya no está causando que tu cuerpo active la reacción de lucha y huida.

Realmente disfruté mi tiempo con John. Compartió todo mientras yo estaba sentado y le escuchaba. La mayoría de las cosas que mencionó fueron los sentimientos y preocupaciones normales que todo hombre tiene antes de comenzar una familia. Su mayor temor era formar una familia y no poder mantenerlos financieramente. Para John, este sentimiento podría haberse pronunciado aún más debido a la riqueza de la familia de Mary. Cómo sentía que su salario no era suficiente para que Mary se sintiera tan cómoda como ella estaría en la casa de su padre.

Para comprender mejor la situación de John, le hice una serie de preguntas personales que respondió con sinceridad. Ser honesto con tu consejero es vital y tiene un gran impacto en cómo se abordan tus problemas. También garantiza que las soluciones que recibas sean más personalizadas y viables para que las implementes.

La ansiedad intensa hacia el futuro fue un gran golpe

para la confianza de John. Creía que los padres de Mary rechazarían su propuesta de casarse con su hija y, por lo tanto, no había reunido el valor para hacerlo. Una vez que trabajó con esta creencia limitante y se dio cuenta de que el "rechazo" era solo una ilusión de su mente, empezó a enfocarse en todos los aspectos positivos de su relación con los padres de Mary.

John me dijo que tenía una gran relación con sus padres y que siempre lo recibieron amablemente. Ni una sola vez mostraron indicios de que pudieran desaprobar su relación.

Le aconsejé a John que se atreviera a probar lo que consideraba imposible. ¡Que los padres de Mary conozcan su intención y le proponga matrimonio! Me complace decir que John se lanzó a empujar sus límites y ahora él y Mary están felizmente casados con su primer hijo en camino. ¡Después de todos sus miedos, John decidió ampliar sus límites y expandir lo que creía posible!

CAPITULO CINCO: RESOLUCIONES

*E*l pensamiento irracional y el diálogo interno negativo son comunes para todos, no solo para las personas que sufren del trastorno de ansiedad social. La forma más fácil de asegurarse de no caer en esta trampa es, por supuesto, practicar en enfocarse en los aspectos positivos de tu vida y enmarcarlos como soluciones a los problemas que percibes.

Para mantener tu actitud positiva, haz una lista de tus miedos y propón una resolución viable para cada uno de ellos. Atrévete a probar lo que parece imposible.

Haga una lista de resoluciones

Para lograr una recuperación completa, intenta

producir una lista de resoluciones. Desafíate a ti mismo haciendo una lista de las cosas en las que quieres participar más a menudo.

Las resoluciones deben ser simples, lógicas y, lo más importante, alcanzables. Puedes elegir compartir las resoluciones con tu pareja, amigo o pariente para que te mantengan responsable y en el camino correcto. De esta manera, tendrás a alguien que te recuerde las resoluciones y tus posibilidades de salirte del camino se reducirán enormemente. Además, esta práctica puede ayudarte en gran medida a evaluar la efectividad de tus resoluciones.

Para comenzar, aquí hay algunos ejemplos de algunas resoluciones prácticas que pueden ayudarte a lograr y mantener una recuperación completa del trastorno de ansiedad social:

1. Adquiriré continuamente más datos sobre el trastorno de ansiedad social y las diferentes formas de superarlo. Este conocimiento me dará poder.
2. Reflexionaré más sobre los efectos de la ansiedad social en mi salud y vida social y estaré listo para buscar soluciones.
3. Buscaré nuevos enfoques para resolver el

trastorno y crear un procedimiento de recuperación gradual.

4. A veces, superaré mis límites para provocar mis miedos. Clasificaré mis miedos para ayudarme a experimentar con qué eficacia puedo manejarlos.

5. Haré una lista de formas que ayudan a reducir la ansiedad social y las seguiré al pie de la letra.

6. Seré persistente en la búsqueda de actividades de mi lista, una a la vez, ajustándome a los límites de tiempo y sin rendirme.

7. Alejaré un poco la ansiedad concentrándome en lo que está sucediendo según mis planes. Morar en los fracasos, la miseria y los contratiempos se convertirá en algo del pasado.

8. Usaré afirmaciones para superar mi trastorno de ansiedad social. Crearé lemas que me ayudarán a alejarme de la ansiedad.

9. Encontraré material de lectura en línea, o incluso escribiré el mío, sobre cómo mejorar la autoestima y superar el trastorno de ansiedad social.

10. Seré social con los demás porque hay un

efecto curativo en las interacciones humanas.

11. Seré paciente conmigo mismo mientras trabajo para superar el trastorno de ansiedad social.

12. Tendré una mente positiva y creeré que soy más fuerte que la ansiedad.

13. Seré mi propio amigo y no hablaré negativamente de mí mismo.

14. No temeré conocer y hablar con extraños y, en cambio, haré más amigos a partir de gente nueva.

15. Adoptaré las soluciones tal como me las presenta un profesional.

Estas resoluciones tienen el propósito de guiarte a hacer las tuyas. ¡Crea una lista de resoluciones que te ayudarán a mejorar y a mejorar este desorden!

Sobre el Autor

Edward Jones era un chico normal, viviendo una vida ordinaria. Luego, en el transcurso de unos meses, su salud mental comenzó a deteriorarse, mientras que la ansiedad, los ataques de pánico y la depresión se apoderaron de su vida.

Estos problemas progresaron continuamente y

empeoraron cada vez más. Nada estaba ayudando. Habló con mi médico (quién quería someterlo a drogas), pero tomó la decisión de que no iba a seguir esa ruta. En su peor momento, apenas podía salir de su habitación sin sentir una ansiedad masiva o sucumbir a los ataques de pánico.

Fue entonces cuando decidió arreglarse, sin importar lo que implicara.

Esa decisión lo llevó por el camino de la investigación y probar algunas de las formas más efectivas para controlar y eliminar la ansiedad, los ataques de pánico y la depresión. Fue un camino lento hacia la recuperación, pero valió la pena cada segundo. ¡Ha recuperado su vida y ahora es más feliz que nunca!

Una vez que descubrió lo que funcionaba para él, Ed se sintió empeñado a compartir su nuevo conocimiento y ayudar a tantos otros en la misma situación como pudiera.

El descubrió que a veces la cosa más poderosa es saber que alguien más ha pasado por lo mismo que tú, y que existe una solución.

¡Él ha estado allí, siente tu dolor y le encantaría ayudarte a recuperar tu vida!

www.ingramcontent.com/pod-product-compliance
Lightning Source LLC
Chambersburg PA
CBHW021533260326
41914CB00001B/10